This Book Belongs To :

....
....
....
....

A

WEBSITE :
USERNAME :
PASSWORD :
PIN/HINT :
NOTES :

WEBSITE :
USERNAME :
PASSWORD :
PIN/HINT :
NOTES :

WEBSITE :
USERNAME :
PASSWORD :
PIN/HINT :
NOTES :

WEBSITE :
USERNAME :
PASSWORD :
PIN/HINT :
NOTES :

A

WEBSITE :
USERNAME :
PASSWORD :
PIN/HINT :
NOTES :

WEBSITE :
USERNAME :
PASSWORD :
PIN/HINT :
NOTES :

WEBSITE :
USERNAME :
PASSWORD :
PIN/HINT :
NOTES :

WEBSITE :
USERNAME :
PASSWORD :
PIN/HINT :
NOTES :

A

WEBSITE:
USERNAME:
PASSWORD:
PIN/HINT:
NOTES:

WEBSITE:
USERNAME:
PASSWORD:
PIN/HINT:
NOTES:

WEBSITE:
USERNAME:
PASSWORD:
PIN/HINT:
NOTES:

WEBSITE:
USERNAME:
PASSWORD:
PIN/HINT:
NOTES:

A

WEBSITE :	
USERNAME :	
PASSWORD :	
PIN/HINT :	
NOTES :	

WEBSITE :	
USERNAME :	
PASSWORD :	
PIN/HINT :	
NOTES :	

WEBSITE :	
USERNAME :	
PASSWORD :	
PIN/HINT :	
NOTES :	

WEBSITE :	
USERNAME :	
PASSWORD :	
PIN/HINT :	
NOTES :	

B

WEBSITE :

USERNAME :

PASSWORD :

PIN/HINT :

NOTES :

WEBSITE :

USERNAME :

PASSWORD :

PIN/HINT :

NOTES :

WEBSITE :

USERNAME :

PASSWORD :

PIN/HINT :

NOTES :

WEBSITE :

USERNAME :

PASSWORD :

PIN/HINT :

NOTES :

B

WEBSITE :	
USERNAME :	
PASSWORD :	
PIN/HINT :	
NOTES :	

WEBSITE :	
USERNAME :	
PASSWORD :	
PIN/HINT :	
NOTES :	

WEBSITE :	
USERNAME :	
PASSWORD :	
PIN/HINT :	
NOTES :	

WEBSITE :	
USERNAME :	
PASSWORD :	
PIN/HINT :	
NOTES :	

B

WEBSITE :
USERNAME :
PASSWORD :
PIN/HINT :
NOTES :

WEBSITE :
USERNAME :
PASSWORD :
PIN/HINT :
NOTES :

WEBSITE :
USERNAME :
PASSWORD :
PIN/HINT :
NOTES :

WEBSITE :
USERNAME :
PASSWORD :
PIN/HINT :
NOTES :

B

WEBSITE :
USERNAME :
PASSWORD :
PIN/HINT :
NOTES :

WEBSITE :
USERNAME :
PASSWORD :
PIN/HINT :
NOTES :

WEBSITE :
USERNAME :
PASSWORD :
PIN/HINT :
NOTES :

WEBSITE :
USERNAME :
PASSWORD :
PIN/HINT :
NOTES :

C

WEBSITE :
USERNAME :
PASSWORD :
PIN/HINT :
NOTES :

WEBSITE :
USERNAME :
PASSWORD :
PIN/HINT :
NOTES :

WEBSITE :
USERNAME :
PASSWORD :
PIN/HINT :
NOTES :

WEBSITE :
USERNAME :
PASSWORD :
PIN/HINT :
NOTES :

C

WEBSITE :
USERNAME :
PASSWORD :
PIN/HINT :
NOTES :

WEBSITE :
USERNAME :
PASSWORD :
PIN/HINT :
NOTES :

WEBSITE :
USERNAME :
PASSWORD :
PIN/HINT :
NOTES :

WEBSITE :
USERNAME :
PASSWORD :
PIN/HINT :
NOTES :

C

WEBSITE :
USERNAME :
PASSWORD :
PIN/HINT :
NOTES :

WEBSITE :
USERNAME :
PASSWORD :
PIN/HINT :
NOTES :

WEBSITE :
USERNAME :
PASSWORD :
PIN/HINT :
NOTES :

WEBSITE :
USERNAME :
PASSWORD :
PIN/HINT :
NOTES :

C

WEBSITE :
USERNAME :
PASSWORD :
PIN/HINT :
NOTES :

WEBSITE :
USERNAME :
PASSWORD :
PIN/HINT :
NOTES :

WEBSITE :
USERNAME :
PASSWORD :
PIN/HINT :
NOTES :

WEBSITE :
USERNAME :
PASSWORD :
PIN/HINT :
NOTES :

D

WEBSITE :	
USERNAME :	
PASSWORD :	
PIN/HINT :	
NOTES :	

WEBSITE :	
USERNAME :	
PASSWORD :	
PIN/HINT :	
NOTES :	

WEBSITE :	
USERNAME :	
PASSWORD :	
PIN/HINT :	
NOTES :	

WEBSITE :	
USERNAME :	
PASSWORD :	
PIN/HINT :	
NOTES :	

D

WEBSITE :
USERNAME :
PASSWORD :
PIN/HINT :
NOTES :

WEBSITE :
USERNAME :
PASSWORD :
PIN/HINT :
NOTES :

WEBSITE :
USERNAME :
PASSWORD :
PIN/HINT :
NOTES :

WEBSITE :
USERNAME :
PASSWORD :
PIN/HINT :
NOTES :

D

WEBSITE :

USERNAME :

PASSWORD :

PIN/HINT :

NOTES :

WEBSITE :

USERNAME :

PASSWORD :

PIN/HINT :

NOTES :

WEBSITE :

USERNAME :

PASSWORD :

PIN/HINT :

NOTES :

WEBSITE :

USERNAME :

PASSWORD :

PIN/HINT :

NOTES :

D

WEBSITE :
USERNAME :
PASSWORD :
PIN/HINT :
NOTES :

WEBSITE :
USERNAME :
PASSWORD :
PIN/HINT :
NOTES :

WEBSITE :
USERNAME :
PASSWORD :
PIN/HINT :
NOTES :

WEBSITE :
USERNAME :
PASSWORD :
PIN/HINT :
NOTES :

E

WEBSITE :
USERNAME :
PASSWORD :
PIN/HINT :
NOTES :

WEBSITE :
USERNAME :
PASSWORD :
PIN/HINT :
NOTES :

WEBSITE :
USERNAME :
PASSWORD :
PIN/HINT :
NOTES :

WEBSITE :
USERNAME :
PASSWORD :
PIN/HINT :
NOTES :

E

WEBSITE :	
USERNAME :	
PASSWORD :	
PIN/HINT :	
NOTES :	

WEBSITE :	
USERNAME :	
PASSWORD :	
PIN/HINT :	
NOTES :	

WEBSITE :	
USERNAME :	
PASSWORD :	
PIN/HINT :	
NOTES :	

WEBSITE :	
USERNAME :	
PASSWORD :	
PIN/HINT :	
NOTES :	

E

WEBSITE :
USERNAME :
PASSWORD :
PIN/HINT :
NOTES :

WEBSITE :
USERNAME :
PASSWORD :
PIN/HINT :
NOTES :

WEBSITE :
USERNAME :
PASSWORD :
PIN/HINT :
NOTES :

WEBSITE :
USERNAME :
PASSWORD :
PIN/HINT :
NOTES :

E

WEBSITE :
USERNAME :
PASSWORD :
PIN/HINT :
NOTES :

WEBSITE :
USERNAME :
PASSWORD :
PIN/HINT :
NOTES :

WEBSITE :
USERNAME :
PASSWORD :
PIN/HINT :
NOTES :

WEBSITE :
USERNAME :
PASSWORD :
PIN/HINT :
NOTES :

F

WEBSITE :	
USERNAME :	
PASSWORD :	
PIN/HINT :	
NOTES :	

WEBSITE :	
USERNAME :	
PASSWORD :	
PIN/HINT :	
NOTES :	

WEBSITE :	
USERNAME :	
PASSWORD :	
PIN/HINT :	
NOTES :	

WEBSITE :	
USERNAME :	
PASSWORD :	
PIN/HINT :	
NOTES :	

F

WEBSITE :
USERNAME :
PASSWORD :
PIN/HINT :
NOTES :

WEBSITE :
USERNAME :
PASSWORD :
PIN/HINT :
NOTES :

WEBSITE :
USERNAME :
PASSWORD :
PIN/HINT :
NOTES :

WEBSITE :
USERNAME :
PASSWORD :
PIN/HINT :
NOTES :

F

WEBSITE :

USERNAME :

PASSWORD :

PIN/HINT :

NOTES :

WEBSITE :

USERNAME :

PASSWORD :

PIN/HINT :

NOTES :

WEBSITE :

USERNAME :

PASSWORD :

PIN/HINT :

NOTES :

WEBSITE :

USERNAME :

PASSWORD :

PIN/HINT :

NOTES :

F

WEBSITE :
USERNAME :
PASSWORD :
PIN/HINT :
NOTES :

WEBSITE :
USERNAME :
PASSWORD :
PIN/HINT :
NOTES :

WEBSITE :
USERNAME :
PASSWORD :
PIN/HINT :
NOTES :

WEBSITE :
USERNAME :
PASSWORD :
PIN/HINT :
NOTES :

G

WEBSITE :
USERNAME :
PASSWORD :
PIN/HINT :
NOTES :

WEBSITE :
USERNAME :
PASSWORD :
PIN/HINT :
NOTES :

WEBSITE :
USERNAME :
PASSWORD :
PIN/HINT :
NOTES :

WEBSITE :
USERNAME :
PASSWORD :
PIN/HINT :
NOTES :

G

WEBSITE :
USERNAME :
PASSWORD :
PIN/HINT :
NOTES :

WEBSITE :
USERNAME :
PASSWORD :
PIN/HINT :
NOTES :

WEBSITE :
USERNAME :
PASSWORD :
PIN/HINT :
NOTES :

WEBSITE :
USERNAME :
PASSWORD :
PIN/HINT :
NOTES :

G

WEBSITE :
USERNAME :
PASSWORD :
PIN/HINT :
NOTES :

WEBSITE :
USERNAME :
PASSWORD :
PIN/HINT :
NOTES :

WEBSITE :
USERNAME :
PASSWORD :
PIN/HINT :
NOTES :

WEBSITE :
USERNAME :
PASSWORD :
PIN/HINT :
NOTES :

G

WEBSITE :
USERNAME :
PASSWORD :
PIN/HINT :
NOTES :

WEBSITE :
USERNAME :
PASSWORD :
PIN/HINT :
NOTES :

WEBSITE :
USERNAME :
PASSWORD :
PIN/HINT :
NOTES :

WEBSITE :
USERNAME :
PASSWORD :
PIN/HINT :
NOTES :

H

WEBSITE :

USERNAME :

PASSWORD :

PIN/HINT :

NOTES :

WEBSITE :

USERNAME :

PASSWORD :

PIN/HINT :

NOTES :

WEBSITE :

USERNAME :

PASSWORD :

PIN/HINT :

NOTES :

WEBSITE :

USERNAME :

PASSWORD :

PIN/HINT :

NOTES :

H

WEBSITE :	
USERNAME :	
PASSWORD :	
PIN/HINT :	
NOTES :	

WEBSITE :	
USERNAME :	
PASSWORD :	
PIN/HINT :	
NOTES :	

WEBSITE :	
USERNAME :	
PASSWORD :	
PIN/HINT :	
NOTES :	

WEBSITE :	
USERNAME :	
PASSWORD :	
PIN/HINT :	
NOTES :	

H

WEBSITE :
USERNAME :
PASSWORD :
PIN/HINT :
NOTES :

WEBSITE :
USERNAME :
PASSWORD :
PIN/HINT :
NOTES :

WEBSITE :
USERNAME :
PASSWORD :
PIN/HINT :
NOTES :

WEBSITE :
USERNAME :
PASSWORD :
PIN/HINT :
NOTES :

H

WEBSITE :
USERNAME :
PASSWORD :
PIN/HINT :
NOTES :

WEBSITE :
USERNAME :
PASSWORD :
PIN/HINT :
NOTES :

WEBSITE :
USERNAME :
PASSWORD :
PIN/HINT :
NOTES :

WEBSITE :
USERNAME :
PASSWORD :
PIN/HINT :
NOTES :

I

WEBSITE :
USERNAME :
PASSWORD :
PIN/HINT :
NOTES :

WEBSITE :
USERNAME :
PASSWORD :
PIN/HINT :
NOTES :

WEBSITE :
USERNAME :
PASSWORD :
PIN/HINT :
NOTES :

WEBSITE :
USERNAME :
PASSWORD :
PIN/HINT :
NOTES :

I

WEBSITE :
USERNAME :
PASSWORD :
PIN/HINT :
NOTES :

WEBSITE :
USERNAME :
PASSWORD :
PIN/HINT :
NOTES :

WEBSITE :
USERNAME :
PASSWORD :
PIN/HINT :
NOTES :

WEBSITE :
USERNAME :
PASSWORD :
PIN/HINT :
NOTES :

I

WEBSITE :
USERNAME :
PASSWORD :
PIN/HINT :
NOTES :

WEBSITE :
USERNAME :
PASSWORD :
PIN/HINT :
NOTES :

WEBSITE :
USERNAME :
PASSWORD :
PIN/HINT :
NOTES :

WEBSITE :
USERNAME :
PASSWORD :
PIN/HINT :
NOTES :

I

WEBSITE :
USERNAME :
PASSWORD :
PIN/HINT :
NOTES :

WEBSITE :
USERNAME :
PASSWORD :
PIN/HINT :
NOTES :

WEBSITE :
USERNAME :
PASSWORD :
PIN/HINT :
NOTES :

WEBSITE :
USERNAME :
PASSWORD :
PIN/HINT :
NOTES :

J

WEBSITE :
USERNAME :
PASSWORD :
PIN/HINT :
NOTES :

WEBSITE :
USERNAME :
PASSWORD :
PIN/HINT :
NOTES :

WEBSITE :
USERNAME :
PASSWORD :
PIN/HINT :
NOTES :

WEBSITE :
USERNAME :
PASSWORD :
PIN/HINT :
NOTES :

J

WEBSITE :
USERNAME :
PASSWORD :
PIN/HINT :
NOTES :

WEBSITE :
USERNAME :
PASSWORD :
PIN/HINT :
NOTES :

WEBSITE :
USERNAME :
PASSWORD :
PIN/HINT :
NOTES :

WEBSITE :
USERNAME :
PASSWORD :
PIN/HINT :
NOTES :

J

WEBSITE :
USERNAME :
PASSWORD :
PIN/HINT :
NOTES :

WEBSITE :
USERNAME :
PASSWORD :
PIN/HINT :
NOTES :

WEBSITE :
USERNAME :
PASSWORD :
PIN/HINT :
NOTES :

WEBSITE :
USERNAME :
PASSWORD :
PIN/HINT :
NOTES :

J

WEBSITE :
USERNAME :
PASSWORD :
PIN/HINT :
NOTES :

WEBSITE :
USERNAME :
PASSWORD :
PIN/HINT :
NOTES :

WEBSITE :
USERNAME :
PASSWORD :
PIN/HINT :
NOTES :

WEBSITE :
USERNAME :
PASSWORD :
PIN/HINT :
NOTES :

K

WEBSITE :
USERNAME :
PASSWORD :
PIN/HINT :
NOTES :

WEBSITE :
USERNAME :
PASSWORD :
PIN/HINT :
NOTES :

WEBSITE :
USERNAME :
PASSWORD :
PIN/HINT :
NOTES :

WEBSITE :
USERNAME :
PASSWORD :
PIN/HINT :
NOTES :

K

WEBSITE :	
USERNAME :	
PASSWORD :	
PIN/HINT :	
NOTES :	

WEBSITE :	
USERNAME :	
PASSWORD :	
PIN/HINT :	
NOTES :	

WEBSITE :	
USERNAME :	
PASSWORD :	
PIN/HINT :	
NOTES :	

WEBSITE :	
USERNAME :	
PASSWORD :	
PIN/HINT :	
NOTES :	

K

WEBSITE :
USERNAME :
PASSWORD :
PIN/HINT :
NOTES :

WEBSITE :
USERNAME :
PASSWORD :
PIN/HINT :
NOTES :

WEBSITE :
USERNAME :
PASSWORD :
PIN/HINT :
NOTES :

WEBSITE :
USERNAME :
PASSWORD :
PIN/HINT :
NOTES :

K

WEBSITE :
USERNAME :
PASSWORD :
PIN/HINT :
NOTES :

WEBSITE :
USERNAME :
PASSWORD :
PIN/HINT :
NOTES :

WEBSITE :
USERNAME :
PASSWORD :
PIN/HINT :
NOTES :

WEBSITE :
USERNAME :
PASSWORD :
PIN/HINT :
NOTES :

L

WEBSITE :

USERNAME :

PASSWORD :

PIN/HINT :

NOTES :

WEBSITE :

USERNAME :

PASSWORD :

PIN/HINT :

NOTES :

WEBSITE :

USERNAME :

PASSWORD :

PIN/HINT :

NOTES :

WEBSITE :

USERNAME :

PASSWORD :

PIN/HINT :

NOTES :

L

WEBSITE :
USERNAME :
PASSWORD :
PIN/HINT :
NOTES :

WEBSITE :
USERNAME :
PASSWORD :
PIN/HINT :
NOTES :

WEBSITE :
USERNAME :
PASSWORD :
PIN/HINT :
NOTES :

WEBSITE :
USERNAME :
PASSWORD :
PIN/HINT :
NOTES :

L

WEBSITE :
USERNAME :
PASSWORD :
PIN/HINT :
NOTES :

WEBSITE :
USERNAME :
PASSWORD :
PIN/HINT :
NOTES :

WEBSITE :
USERNAME :
PASSWORD :
PIN/HINT :
NOTES :

WEBSITE :
USERNAME :
PASSWORD :
PIN/HINT :
NOTES :

L

WEBSITE :	
USERNAME :	
PASSWORD :	
PIN/HINT :	
NOTES :	

WEBSITE :	
USERNAME :	
PASSWORD :	
PIN/HINT :	
NOTES :	

WEBSITE :	
USERNAME :	
PASSWORD :	
PIN/HINT :	
NOTES :	

WEBSITE :	
USERNAME :	
PASSWORD :	
PIN/HINT :	
NOTES :	

M

WEBSITE :
USERNAME :
PASSWORD :
PIN/HINT :
NOTES :

WEBSITE :
USERNAME :
PASSWORD :
PIN/HINT :
NOTES :

WEBSITE :
USERNAME :
PASSWORD :
PIN/HINT :
NOTES :

WEBSITE :
USERNAME :
PASSWORD :
PIN/HINT :
NOTES :

M

WEBSITE:

USERNAME:

PASSWORD:

PIN/HINT:

NOTES:

WEBSITE:

USERNAME:

PASSWORD:

PIN/HINT:

NOTES:

WEBSITE:

USERNAME:

PASSWORD:

PIN/HINT:

NOTES:

WEBSITE:

USERNAME:

PASSWORD:

PIN/HINT:

NOTES:

M

WEBSITE :

USERNAME :

PASSWORD :

PIN/HINT :

NOTES :

WEBSITE :

USERNAME :

PASSWORD :

PIN/HINT :

NOTES :

WEBSITE :

USERNAME :

PASSWORD :

PIN/HINT :

NOTES :

WEBSITE :

USERNAME :

PASSWORD :

PIN/HINT :

NOTES :

M

WEBSITE :
USERNAME :
PASSWORD :
PIN/HINT :
NOTES :

WEBSITE :
USERNAME :
PASSWORD :
PIN/HINT :
NOTES :

WEBSITE :
USERNAME :
PASSWORD :
PIN/HINT :
NOTES :

WEBSITE :
USERNAME :
PASSWORD :
PIN/HINT :
NOTES :

N

WEBSITE :

USERNAME :

PASSWORD :

PIN/HINT :

NOTES :

WEBSITE :

USERNAME :

PASSWORD :

PIN/HINT :

NOTES :

WEBSITE :

USERNAME :

PASSWORD :

PIN/HINT :

NOTES :

WEBSITE :

USERNAME :

PASSWORD :

PIN/HINT :

NOTES :

N

WEBSITE :
USERNAME :
PASSWORD :
PIN/HINT :
NOTES :

WEBSITE :
USERNAME :
PASSWORD :
PIN/HINT :
NOTES :

WEBSITE :
USERNAME :
PASSWORD :
PIN/HINT :
NOTES :

WEBSITE :
USERNAME :
PASSWORD :
PIN/HINT :
NOTES :

N

WEBSITE :
USERNAME :
PASSWORD :
PIN/HINT :
NOTES :

WEBSITE :
USERNAME :
PASSWORD :
PIN/HINT :
NOTES :

WEBSITE :
USERNAME :
PASSWORD :
PIN/HINT :
NOTES :

WEBSITE :
USERNAME :
PASSWORD :
PIN/HINT :
NOTES :

N

WEBSITE :
USERNAME :
PASSWORD :
PIN/HINT :
NOTES :

WEBSITE :
USERNAME :
PASSWORD :
PIN/HINT :
NOTES :

WEBSITE :
USERNAME :
PASSWORD :
PIN/HINT :
NOTES :

WEBSITE :
USERNAME :
PASSWORD :
PIN/HINT :
NOTES :

O

WEBSITE :

USERNAME :

PASSWORD :

PIN/HINT :

NOTES :

WEBSITE :

USERNAME :

PASSWORD :

PIN/HINT :

NOTES :

WEBSITE :

USERNAME :

PASSWORD :

PIN/HINT :

NOTES :

WEBSITE :

USERNAME :

PASSWORD :

PIN/HINT :

NOTES :

O

WEBSITE:
USERNAME:
PASSWORD:
PIN/HINT:
NOTES:

WEBSITE:
USERNAME:
PASSWORD:
PIN/HINT:
NOTES:

WEBSITE:
USERNAME:
PASSWORD:
PIN/HINT:
NOTES:

WEBSITE:
USERNAME:
PASSWORD:
PIN/HINT:
NOTES:

O

WEBSITE :
USERNAME :
PASSWORD :
PIN/HINT :
NOTES :

WEBSITE :
USERNAME :
PASSWORD :
PIN/HINT :
NOTES :

WEBSITE :
USERNAME :
PASSWORD :
PIN/HINT :
NOTES :

WEBSITE :
USERNAME :
PASSWORD :
PIN/HINT :
NOTES :

O

WEBSITE :	
USERNAME :	
PASSWORD :	
PIN/HINT :	
NOTES :	

WEBSITE :	
USERNAME :	
PASSWORD :	
PIN/HINT :	
NOTES :	

WEBSITE :	
USERNAME :	
PASSWORD :	
PIN/HINT :	
NOTES :	

WEBSITE :	
USERNAME :	
PASSWORD :	
PIN/HINT :	
NOTES :	

P

WEBSITE :
USERNAME :
PASSWORD :
PIN/HINT :
NOTES :

WEBSITE :
USERNAME :
PASSWORD :
PIN/HINT :
NOTES :

WEBSITE :
USERNAME :
PASSWORD :
PIN/HINT :
NOTES :

WEBSITE :
USERNAME :
PASSWORD :
PIN/HINT :
NOTES :

P

WEBSITE :
USERNAME :
PASSWORD :
PIN/HINT :
NOTES :

WEBSITE :
USERNAME :
PASSWORD :
PIN/HINT :
NOTES :

WEBSITE :
USERNAME :
PASSWORD :
PIN/HINT :
NOTES :

WEBSITE :
USERNAME :
PASSWORD :
PIN/HINT :
NOTES :

P

WEBSITE :
USERNAME :
PASSWORD :
PIN/HINT :
NOTES :

WEBSITE :
USERNAME :
PASSWORD :
PIN/HINT :
NOTES :

WEBSITE :
USERNAME :
PASSWORD :
PIN/HINT :
NOTES :

WEBSITE :
USERNAME :
PASSWORD :
PIN/HINT :
NOTES :

P

WEBSITE :
USERNAME :
PASSWORD :
PIN/HINT :
NOTES :

WEBSITE :
USERNAME :
PASSWORD :
PIN/HINT :
NOTES :

WEBSITE :
USERNAME :
PASSWORD :
PIN/HINT :
NOTES :

WEBSITE :
USERNAME :
PASSWORD :
PIN/HINT :
NOTES :

Q

WEBSITE :

USERNAME :

PASSWORD :

PIN/HINT :

NOTES :

WEBSITE :

USERNAME :

PASSWORD :

PIN/HINT :

NOTES :

WEBSITE :

USERNAME :

PASSWORD :

PIN/HINT :

NOTES :

WEBSITE :

USERNAME :

PASSWORD :

PIN/HINT :

NOTES :

Q

WEBSITE :
USERNAME :
PASSWORD :
PIN/HINT :
NOTES :

WEBSITE :
USERNAME :
PASSWORD :
PIN/HINT :
NOTES :

WEBSITE :
USERNAME :
PASSWORD :
PIN/HINT :
NOTES :

WEBSITE :
USERNAME :
PASSWORD :
PIN/HINT :
NOTES :

Q

WEBSITE :
USERNAME :
PASSWORD :
PIN/HINT :
NOTES :

WEBSITE :
USERNAME :
PASSWORD :
PIN/HINT :
NOTES :

WEBSITE :
USERNAME :
PASSWORD :
PIN/HINT :
NOTES :

WEBSITE :
USERNAME :
PASSWORD :
PIN/HINT :
NOTES :

Q

WEBSITE :
USERNAME :
PASSWORD :
PIN/HINT :
NOTES :

WEBSITE :
USERNAME :
PASSWORD :
PIN/HINT :
NOTES :

WEBSITE :
USERNAME :
PASSWORD :
PIN/HINT :
NOTES :

WEBSITE :
USERNAME :
PASSWORD :
PIN/HINT :
NOTES :

R

WEBSITE :
USERNAME :
PASSWORD :
PIN/HINT :
NOTES :

WEBSITE :
USERNAME :
PASSWORD :
PIN/HINT :
NOTES :

WEBSITE :
USERNAME :
PASSWORD :
PIN/HINT :
NOTES :

WEBSITE :
USERNAME :
PASSWORD :
PIN/HINT :
NOTES :

R

WEBSITE:	
USERNAME:	
PASSWORD:	
PIN/HINT:	
NOTES:	

WEBSITE:	
USERNAME:	
PASSWORD:	
PIN/HINT:	
NOTES:	

WEBSITE:	
USERNAME:	
PASSWORD:	
PIN/HINT:	
NOTES:	

WEBSITE:	
USERNAME:	
PASSWORD:	
PIN/HINT:	
NOTES:	

R

WEBSITE :
USERNAME :
PASSWORD :
PIN/HINT :
NOTES :

WEBSITE :
USERNAME :
PASSWORD :
PIN/HINT :
NOTES :

WEBSITE :
USERNAME :
PASSWORD :
PIN/HINT :
NOTES :

WEBSITE :
USERNAME :
PASSWORD :
PIN/HINT :
NOTES :

R

WEBSITE :
USERNAME :
PASSWORD :
PIN/HINT :
NOTES :

WEBSITE :
USERNAME :
PASSWORD :
PIN/HINT :
NOTES :

WEBSITE :
USERNAME :
PASSWORD :
PIN/HINT :
NOTES :

WEBSITE :
USERNAME :
PASSWORD :
PIN/HINT :
NOTES :

S

WEBSITE:
USERNAME:
PASSWORD:
PIN/HINT:
NOTES:

WEBSITE:
USERNAME:
PASSWORD:
PIN/HINT:
NOTES:

WEBSITE:
USERNAME:
PASSWORD:
PIN/HINT:
NOTES:

WEBSITE:
USERNAME:
PASSWORD:
PIN/HINT:
NOTES:

S

WEBSITE :

USERNAME :

PASSWORD :

PIN/HINT :

NOTES :

WEBSITE :

USERNAME :

PASSWORD :

PIN/HINT :

NOTES :

WEBSITE :

USERNAME :

PASSWORD :

PIN/HINT :

NOTES :

WEBSITE :

USERNAME :

PASSWORD :

PIN/HINT :

NOTES :

S

WEBSITE :

USERNAME :

PASSWORD :

PIN/HINT :

NOTES :

WEBSITE :

USERNAME :

PASSWORD :

PIN/HINT :

NOTES :

WEBSITE :

USERNAME :

PASSWORD :

PIN/HINT :

NOTES :

WEBSITE :

USERNAME :

PASSWORD :

PIN/HINT :

NOTES :

S

WEBSITE :
USERNAME :
PASSWORD :
PIN/HINT :
NOTES :

WEBSITE :
USERNAME :
PASSWORD :
PIN/HINT :
NOTES :

WEBSITE :
USERNAME :
PASSWORD :
PIN/HINT :
NOTES :

WEBSITE :
USERNAME :
PASSWORD :
PIN/HINT :
NOTES :

T

WEBSITE :
USERNAME :
PASSWORD :
PIN/HINT :
NOTES :

WEBSITE :
USERNAME :
PASSWORD :
PIN/HINT :
NOTES :

WEBSITE :
USERNAME :
PASSWORD :
PIN/HINT :
NOTES :

WEBSITE :
USERNAME :
PASSWORD :
PIN/HINT :
NOTES :

T

WEBSITE :
USERNAME :
PASSWORD :
PIN/HINT :
NOTES :

WEBSITE :
USERNAME :
PASSWORD :
PIN/HINT :
NOTES :

WEBSITE :
USERNAME :
PASSWORD :
PIN/HINT :
NOTES :

WEBSITE :
USERNAME :
PASSWORD :
PIN/HINT :
NOTES :

T

WEBSITE :	
USERNAME :	
PASSWORD :	
PIN/HINT :	
NOTES :	

WEBSITE :	
USERNAME :	
PASSWORD :	
PIN/HINT :	
NOTES :	

WEBSITE :	
USERNAME :	
PASSWORD :	
PIN/HINT :	
NOTES :	

WEBSITE :	
USERNAME :	
PASSWORD :	
PIN/HINT :	
NOTES :	

T

WEBSITE :

USERNAME :

PASSWORD :

PIN/HINT :

NOTES :

WEBSITE :

USERNAME :

PASSWORD :

PIN/HINT :

NOTES :

WEBSITE :

USERNAME :

PASSWORD :

PIN/HINT :

NOTES :

WEBSITE :

USERNAME :

PASSWORD :

PIN/HINT :

NOTES :

U

WEBSITE :
USERNAME :
PASSWORD :
PIN/HINT :
NOTES :

WEBSITE :
USERNAME :
PASSWORD :
PIN/HINT :
NOTES :

WEBSITE :
USERNAME :
PASSWORD :
PIN/HINT :
NOTES :

WEBSITE :
USERNAME :
PASSWORD :
PIN/HINT :
NOTES :

U

WEBSITE :
USERNAME :
PASSWORD :
PIN/HINT :
NOTES :

WEBSITE :
USERNAME :
PASSWORD :
PIN/HINT :
NOTES :

WEBSITE :
USERNAME :
PASSWORD :
PIN/HINT :
NOTES :

WEBSITE :
USERNAME :
PASSWORD :
PIN/HINT :
NOTES :

U

WEBSITE :
USERNAME :
PASSWORD :
PIN/HINT :
NOTES :

WEBSITE :
USERNAME :
PASSWORD :
PIN/HINT :
NOTES :

WEBSITE :
USERNAME :
PASSWORD :
PIN/HINT :
NOTES :

WEBSITE :
USERNAME :
PASSWORD :
PIN/HINT :
NOTES :

U

WEBSITE :
USERNAME :
PASSWORD :
PIN/HINT :
NOTES :

WEBSITE :
USERNAME :
PASSWORD :
PIN/HINT :
NOTES :

WEBSITE :
USERNAME :
PASSWORD :
PIN/HINT :
NOTES :

WEBSITE :
USERNAME :
PASSWORD :
PIN/HINT :
NOTES :

V

WEBSITE :	
USERNAME :	
PASSWORD :	
PIN/HINT :	
NOTES :	

WEBSITE :	
USERNAME :	
PASSWORD :	
PIN/HINT :	
NOTES :	

WEBSITE :	
USERNAME :	
PASSWORD :	
PIN/HINT :	
NOTES :	

WEBSITE :	
USERNAME :	
PASSWORD :	
PIN/HINT :	
NOTES :	

V

WEBSITE :	
USERNAME :	
PASSWORD :	
PIN/HINT :	
NOTES :	

WEBSITE :	
USERNAME :	
PASSWORD :	
PIN/HINT :	
NOTES :	

WEBSITE :	
USERNAME :	
PASSWORD :	
PIN/HINT :	
NOTES :	

WEBSITE :	
USERNAME :	
PASSWORD :	
PIN/HINT :	
NOTES :	

V

WEBSITE :
USERNAME :
PASSWORD :
PIN/HINT :
NOTES :

WEBSITE :
USERNAME :
PASSWORD :
PIN/HINT :
NOTES :

WEBSITE :
USERNAME :
PASSWORD :
PIN/HINT :
NOTES :

WEBSITE :
USERNAME :
PASSWORD :
PIN/HINT :
NOTES :

V

WEBSITE :
USERNAME :
PASSWORD :
PIN/HINT :
NOTES :

WEBSITE :
USERNAME :
PASSWORD :
PIN/HINT :
NOTES :

WEBSITE :
USERNAME :
PASSWORD :
PIN/HINT :
NOTES :

WEBSITE :
USERNAME :
PASSWORD :
PIN/HINT :
NOTES :

W

WEBSITE :
USERNAME :
PASSWORD :
PIN/HINT :
NOTES :

WEBSITE :
USERNAME :
PASSWORD :
PIN/HINT :
NOTES :

WEBSITE :
USERNAME :
PASSWORD :
PIN/HINT :
NOTES :

WEBSITE :
USERNAME :
PASSWORD :
PIN/HINT :
NOTES :

W

WEBSITE :	
USERNAME :	
PASSWORD :	
PIN/HINT :	
NOTES :	

WEBSITE :	
USERNAME :	
PASSWORD :	
PIN/HINT :	
NOTES :	

WEBSITE :	
USERNAME :	
PASSWORD :	
PIN/HINT :	
NOTES :	

WEBSITE :	
USERNAME :	
PASSWORD :	
PIN/HINT :	
NOTES :	

W

WEBSITE :

USERNAME :

PASSWORD :

PIN/HINT :

NOTES :

WEBSITE :

USERNAME :

PASSWORD :

PIN/HINT :

NOTES :

WEBSITE :

USERNAME :

PASSWORD :

PIN/HINT :

NOTES :

WEBSITE :

USERNAME :

PASSWORD :

PIN/HINT :

NOTES :

W

WEBSITE :
USERNAME :
PASSWORD :
PIN/HINT :
NOTES :

WEBSITE :
USERNAME :
PASSWORD :
PIN/HINT :
NOTES :

WEBSITE :
USERNAME :
PASSWORD :
PIN/HINT :
NOTES :

WEBSITE :
USERNAME :
PASSWORD :
PIN/HINT :
NOTES :

X

WEBSITE :	
USERNAME :	
PASSWORD :	
PIN/HINT :	
NOTES :	

WEBSITE :	
USERNAME :	
PASSWORD :	
PIN/HINT :	
NOTES :	

WEBSITE :	
USERNAME :	
PASSWORD :	
PIN/HINT :	
NOTES :	

WEBSITE :	
USERNAME :	
PASSWORD :	
PIN/HINT :	
NOTES :	

X

WEBSITE :
USERNAME :
PASSWORD :
PIN/HINT :
NOTES :

WEBSITE :
USERNAME :
PASSWORD :
PIN/HINT :
NOTES :

WEBSITE :
USERNAME :
PASSWORD :
PIN/HINT :
NOTES :

WEBSITE :
USERNAME :
PASSWORD :
PIN/HINT :
NOTES :

X

WEBSITE :	
USERNAME :	
PASSWORD :	
PIN/HINT :	
NOTES :	

WEBSITE :	
USERNAME :	
PASSWORD :	
PIN/HINT :	
NOTES :	

WEBSITE :	
USERNAME :	
PASSWORD :	
PIN/HINT :	
NOTES :	

WEBSITE :	
USERNAME :	
PASSWORD :	
PIN/HINT :	
NOTES :	

X

- WEBSITE :
- USERNAME :
- PASSWORD :
- PIN/HINT :
- NOTES :

- WEBSITE :
- USERNAME :
- PASSWORD :
- PIN/HINT :
- NOTES :

- WEBSITE :
- USERNAME :
- PASSWORD :
- PIN/HINT :
- NOTES :

- WEBSITE :
- USERNAME :
- PASSWORD :
- PIN/HINT :
- NOTES :

Y

WEBSITE :

USERNAME :

PASSWORD :

PIN/HINT :

NOTES :

WEBSITE :

USERNAME :

PASSWORD :

PIN/HINT :

NOTES :

WEBSITE :

USERNAME :

PASSWORD :

PIN/HINT :

NOTES :

WEBSITE :

USERNAME :

PASSWORD :

PIN/HINT :

NOTES :

Y

WEBSITE :
USERNAME :
PASSWORD :
PIN/HINT :
NOTES :

WEBSITE :
USERNAME :
PASSWORD :
PIN/HINT :
NOTES :

WEBSITE :
USERNAME :
PASSWORD :
PIN/HINT :
NOTES :

WEBSITE :
USERNAME :
PASSWORD :
PIN/HINT :
NOTES :

Y

WEBSITE :
USERNAME :
PASSWORD :
PIN/HINT :
NOTES :

WEBSITE :
USERNAME :
PASSWORD :
PIN/HINT :
NOTES :

WEBSITE :
USERNAME :
PASSWORD :
PIN/HINT :
NOTES :

WEBSITE :
USERNAME :
PASSWORD :
PIN/HINT :
NOTES :

Y

WEBSITE :
USERNAME :
PASSWORD :
PIN/HINT :
NOTES :

WEBSITE :
USERNAME :
PASSWORD :
PIN/HINT :
NOTES :

WEBSITE :
USERNAME :
PASSWORD :
PIN/HINT :
NOTES :

WEBSITE :
USERNAME :
PASSWORD :
PIN/HINT :
NOTES :

Z

WEBSITE :
USERNAME :
PASSWORD :
PIN/HINT :
NOTES :

WEBSITE :
USERNAME :
PASSWORD :
PIN/HINT :
NOTES :

WEBSITE :
USERNAME :
PASSWORD :
PIN/HINT :
NOTES :

WEBSITE :
USERNAME :
PASSWORD :
PIN/HINT :
NOTES :

Z

WEBSITE :	
USERNAME :	
PASSWORD :	
PIN/HINT :	
NOTES :	

WEBSITE :	
USERNAME :	
PASSWORD :	
PIN/HINT :	
NOTES :	

WEBSITE :	
USERNAME :	
PASSWORD :	
PIN/HINT :	
NOTES :	

WEBSITE :	
USERNAME :	
PASSWORD :	
PIN/HINT :	
NOTES :	

Z

WEBSITE :	
USERNAME :	
PASSWORD :	
PIN/HINT :	
NOTES :	

WEBSITE :	
USERNAME :	
PASSWORD :	
PIN/HINT :	
NOTES :	

WEBSITE :	
USERNAME :	
PASSWORD :	
PIN/HINT :	
NOTES :	

WEBSITE :	
USERNAME :	
PASSWORD :	
PIN/HINT :	
NOTES :	

Z

WEBSITE :	
USERNAME :	
PASSWORD :	
PIN/HINT :	
NOTES :	

WEBSITE :	
USERNAME :	
PASSWORD :	
PIN/HINT :	
NOTES :	

WEBSITE :	
USERNAME :	
PASSWORD :	
PIN/HINT :	
NOTES :	

WEBSITE :	
USERNAME :	
PASSWORD :	
PIN/HINT :	
NOTES :	

www.ingramcontent.com/pod-product-compliance
Lightning Source LLC
Chambersburg PA
CBHW070425220526
45466CB00004B/1544